BITÁCORA

financiera

BITÁCORA
FINANCIERA
RAITIT

ISBN: 9781095383476

Diseño interior y cubierta,
edición, gráficos, ilustraciones y maquetación
por Alejandra P. Rodríguez

¡BUEN VIAJE!

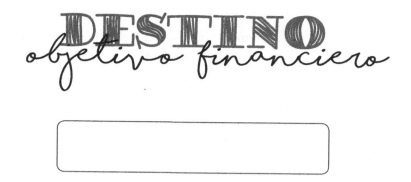

DESTINO
objetivo financiero

El principal motivo por el cual la mayoría de la gente no consigue lo que quiere, es porque no sabe qué es lo que quiere. Todos sabemos muy bien qué es lo que **no queremos**, pero pocos sabemos qué es lo que **sí queremos**. Tú eres quien decide sobre tu vida, tu tiempo y tu dinero y si quieres una vida mejor tienes que planearla, debes saber a dónde quieres ir. Descubre cómo es esa vida que deseas, y organiza un plan para crearla. Esta es una de las claves del éxito. Primero saber qué es lo que quieres y luego actuar en consecuencia. Y recuerda poner tu plan por escrito. Tener un objetivo y un plan claro te ayudará a motivarte y te servirá como punto de referencia.

Cuando tengas que tomar una decisión, pregúntate siempre si lo que estás por hacer te acerca o te aleja de tu meta.

Creo que el destino ideal para todo ser humano es la independencia financiera. Aunque no es el único destino, tu objetivo puede ser menos ambicioso, como por ejemplo, ahorrar para la entrada de una casa, hacer el viaje de tus sueños, ganar el doble de lo que ganas ahora, pagar una buena educación a tus hijos, etc., el destino lo eliges tú. Pero como te decía, creo que el destino ideal para todos es el de la libertad financiera y también el más difícil de alcanzar, por eso, como me gusta apuntar alto, vamos a tomar ese destino como ejemplo.

Aunque todos hemos escuchado hablar de ella, no toda la gente tiene tan claro qué significa exactamente tener libertad financiera, así qué vamos a empezar por definirla. Tener independencia o libertad financiera no es igual a ser millonario, ser independiente financieramente quiere decir que puedes mantener tu nivel de vida sin necesidad de trabajar y para poder conseguirlo, previamente tendrás que haber acumulado una cantidad de activos suficiente, como para que dichos activos generen el dinero que necesitas para cubrir tus gastos.

Entonces, ¿de cuánto dinero estamos hablando exactamente? ¿Un millón? ¿Dos millones? ¿Diez millones? Depende. Esta cantidad variará mucho de una persona a otra, habrá quien sueñe con tener un yate, viajar en su jet privado, vestir ropa de diseñadores importantes y tener artículos de lujo mientras otros prefieran vivir en una cabaña en el medio de la montaña, rodeados por la naturaleza cuidando de sus animales y su jardín, y evidentemente el primero necesitará un importe muy distinto al del segundo, por eso lo primero que necesitamos hacer es definir cuál es nuestro sueño, nuestro estilo de vida ideal para poder calcular cuánto dinero necesitaremos para conseguirlo y mantenerlo. Necesitamos ser precisos y calcular nuestro importe exacto, nuestro objetivo financiero.

Para realizar este ejercicio lo primero que tienes que hacer es aparcar tu parte racional, guárdala en un cajón y no la dejes salir hasta que termines con él, prepárate una taza de té o café o lo que te guste, pon música que te relaje, busca un lugar cómodo que sea de tu agrado y trae una silla extra para tu parte emocional, no pienses en lo que es o no es posible, ni cómo tendrás que hacer para conseguirlo, solo sueña y apunta todo lo que te venga a la mente, todo lo que te vaya dictando tu parte emocional.

Recuerda como fantaseabas cuando eras niño y sueña sin restricciones, imagina que tienes una cuenta de la cual puedes sacar dinero de forma ilimitada o que frotas la lámpara de Aladino, no tienes límites, déjate llevar

¿En qué casa quieres vivir? ¿qué coche quieres conducir? ¿marca? ¿modelo? ¿qué ropa quieres vestir? ¿ropa de diseño tal vez? ¿qué diseñador? ¿cómo te gustaría pasar tu tiempo? ¿tumbado en una playa? ¿qué playa? ¿con un daiquiri en la mano? ¿a qué colegio quieres que vayan tus hijos? ¿a dónde quieres viajar? ¿te gustaría ver la aurora boreal? ¿llevar a los niños a Disneyland? ¿qué lugares te gustaría conocer? ¿qué experiencias te gustaría probar? ¿te gustaría hacer un crucero? ¿ver las pirámides? ¿caminar por la muralla china? ¿qué cosas te gustaría aprender? ¿a tocar el piano? ¿tal vez la guitarra? ¿pilotar un avión? ¿qué comida te gustaría comer? ¿te gustaría tener tu chef privado? ¿comer fuera todos los días? ¿un jardinero? ¿un masajista? ¿un personal trainer? ¿te gustaría poder ayudar económicamente a tu familia? ¿comprarle una casa a tu madre? ¿quizás una casa frente al mar para pasar los veranos? ¿una en las montañas para ir a esquiar en invierno? O ambas. ¿Te gustaría poder ayudar a alguien que lo necesite? ¿donar un hospital? ¿llevar agua potable a zonas remotas? ¿crear una beca que lleve tu nombre?...

Sueña, y sueña en grande. Te propongo que escribas al menos 100 cosas en tu lista. Verás que al principio es muy fácil pedir, pero luego te costará encontrar ideas para llegar a las 100. Y recuerda, no pienses en cosas posibles, no te limites, solo déjate llevar y sueña.

Luego, para cada respuesta toma nota de cuánto te costará conseguirlo y mantenerlo, saca el cálculo mensual sumando los gastos de mantenimiento más la cuota del préstamo o hipoteca que necesitarás para comprarlo.

Es necesario que seas preciso, busca precios reales en internet ¿cuánto cuesta ese coche que quieres? ¿cuánto cobra un chef privado? aprovecha para guardar imágenes de las cosas que quieras tener y lugares que quieras visitar, a modo de lista o tablón de deseos.

Para hacer el cálculo del objetivo financiero he usado un 8% de interés anual, puedes cambiar la cifra por el porcentaje que estés obteniendo ahora o el que creas que puedas generar. Ese 8% es el que usaremos para cubrir nuestros gastos. Ahora debemos calcular qué importe debemos tener invertido para que el 8% anual sea igual a nuestros gastos, para eso usaremos una regla de tres simple.

Gastos mensuales x 12 = Gastos anuales

Patrimonio invertido _____100%

Gastos anuales_____ 8% anual

Gastos anuales x100/8 = Gastos anuales x 12,50

Que es lo mismo que:

Gastos mensuales x 12 x 12,50 = Gastos mensuales x 150

Suma todos los gastos mensuales (incluyendo préstamos e hipotecas) y multiplícalo por 150. Ese será tu objetivo financiero, el dinero que deberás tener invertido.

No te dejes desilusionar por el número que veas y recuerda que ese es tu objetivo, tu ideal, hacia allí te diriges.

APUNTA A LA LUNA, INCLUSO SI FALLAS ATERRIZARÁS ENTRE LAS ESTRELLAS

Me gustaría tener... ser... visitar... descubrir... probar... experimentar... disfrutar...	me costará...	necesitaré al mes para pagarlo y/o mantenerlo....
1. Casa con piscina	500.000.-	1.500.-
2. Coche nuevo	20.000.-	500.-
3. Viaje anual	12.000.-	1.000.-
4. Jardinero		500.-

Me gustaría tener... ser... visitar... descubrir... probar... experimentar... disfrutar...	me costará...	necesitaré al mes para pagarlo y/o mantenerlo....
1.		
2.		
3.		
4.		
5.		
6.		
7.		
8.		
9.		
10.		
11.		
12.		
13.		
14.		
15.		
16.		
17.		
18.		
19.		
20.		
21.		
22.		
23.		
24.		
25.		

Me gustaría tener... ser... visitar... descubrir... probar... experimentar... disfrutar...	me costará...	necesitaré al mes para pagarlo y/o mantenerlo....
26.		
27.		
28.		
29.		
30.		
31.		
32.		
33.		
34.		
35.		
36.		
37.		
38.		
39.		
40.		
41.		
42.		
43.		
44.		
45.		
46.		
47.		
48.		
49.		
50.		

Me gustaría tener... ser... visitar... descubrir... probar... experimentar... disfrutar...	me costará...	necesitaré al mes para pagarlo y/o mantenerlo....
51.		
52.		
53.		
54.		
55.		
56.		
57.		
58.		
59.		
60.		
61.		
62.		
63.		
64.		
65.		
66.		
67.		
68.		
69.		
70.		
71.		
72.		
73.		
74.		
75.		

Me gustaría tener... ser... visitar... descubrir... probar... experimentar... disfrutar...	me costará...	necesitaré al mes para pagarlo y/o mantenerlo....
76.		
77.		
78.		
79.		
80.		
81.		
82.		
83.		
84.		
85.		
86.		
87.		
88.		
89.		
90.		
91.		
92.		
93.		
94.		
95.		
96.		
97.		
98.		
99.		
100.		

Suma la última columna

| | a. |

Multiplica el total (a.) por 150

Objetivo financiero:

| | b. |

TABLÓN

de deseos

UBICACIÓN
patrimonio neto
ACTUAL

Aunque tengamos el mejor mapa del mundo y sepamos exactamente a dónde vamos, si no sabemos en dónde estamos parados no nos sirve de nada ni el mapa ni el objetivo, necesitamos saber exactamente en dónde estamos (en números) para poder empezar a trazar el camino.

Para esto necesitamos calcular nuestro patrimonio neto. Este número será tu referencia, el que te dirá dónde estás y en qué dirección vas. De ahora en más este será el número más importante de tu economía, incluso más importante que tu sueldo.

Ésta cifra es la que tienes que hacer crecer para poder estar mejor econmómicamente.

Cálculo del patrimonio neto:

ACTIVO: haz un listado de

• Todo el dinero que tengas en cuentas bancarias, fondos de pensiones, plazos fijos, cajas de ahorro, debajo del colchón, etc.

• El valor de mercado de tu coche (lo que te pagarían por él si lo vendieras hoy, no lo que tú has pagado cuando te lo compraste)

• El valor de mercado de tu casa.

• Deudores, dinero que te deban.

• El valor de mercado de cualquier otra propiedad, valor o negocio que tengas.

PASIVO, enumera tus

- Deudas de tarjetas de crédito

- Préstamos de coches

- Hipotecas

- Otros préstamos, deudas y acreedores (dinero que debes a otras personas)

Ahora al total del debe réstale el total del haber, el resultado será tu patrimonio neto.

ACTIVO-PASIVO=PATRIMONIO NETO

El balance es el que te dirá dónde te encuentras parado, económicamente hablando, por eso es algo que harás frecuentemente, es recomendable hacer un balance al mes, para poder ir viendo la evolución de nuestro patrimonio neto y también para poder detectar si debemos hacer algún ajuste o modificación en nuestras finanzas, pero como te podrás imaginar, hacer un listado de todos tus bienes y averiguar cuál es su valor actual te puede llevar un rato, un buen rato, por lo tanto para facilitar la tarea vamos a hacer un inventario de bienes.

Al hacer el inventario puedes detallar tanto como quieras, pero te recomiendo que no hiles demasiado fino, sobre todo si es la primera vez que lo haces. Para empezar, basta con que pongas tus bienes inmuebles, vehículos y algún otro artículo de gran valor que tengas.

Una cosa muy importante a la hora de hacer un inventario es poner el **valor real de venta** y no el precio de adquisición. Es decir, si vas a gregar, por ejemplo, la tele en tu inventario, no pongas el precio al que la has comprado, tienes que apuntar el importe de lo que te darían a día de hoy en el caso que quisieras venderla, y ante la duda, redondea hacia abajo.

ACTIVO

dinero en efectivo	300.-
cuenta corriente	2.000.-
caja de ahorros	5.000.-
fondo de pensiones	15.000.-
inversión en bolsa	10.500.-
plazos fijos	2.000.-
propiedades	125.000.-
vehículos	20.000.-

Activo **179.800.-** (c.)

PASIVO

tarjeta de crédito 1	800.-
tarjeta de crédito 2	350.-
tarjeta de crédito 3	1.200.-
tarjetas de tiendas	150.-
préstamo personal	6.000.-
préstamo familiar	500.-
hipoteca	83.000.-
préstamo coche	8.500.-

Pasivo **100.500.-** (d.)

Activo (c.) - Pasivo (d.) = Patrimonio neto

+79.300.-

Fecha

ACTIVO

PASIVO

Activo

c.

Pasivo

d.

Activo (c.) - Pasivo (d.) = Patrimonio neto

INGRESOS Y anuales EGRESOS

Aunque los ingresos aumenten, si se sigue administrando de la misma manera, en poco tiempo volverán a surgir los mismos problemas. Tener más dinero no hará más que potenciarlos.

Necesitamos saber cómo estamos utilizando nuestro dinero actualmente. De dónde viene y, sobre todo, a dónde se va.

Escribe en el lado izquierdo todos los ingresos mensuales que percibas, apunta la cantidad mensual y la cantidad anual de cada ítem.

Si solo sabes la cantidad mensual multiplícala por 12 para obtener la anual y si solo sabes la cantidad anual divídela entre 12 (recuerda incluir las pagas extra).

Del lado derecho haz un listado de todos los egresos de dinero que tengas, ya sean gastos o aportes que hagas a cuentas de ahorro o inversión. Al igual que con los ingresos, si solo sabes la cantidad mensual multiplícala por 12 para obtener la anual y si solo sabes la cantidad anual divídela entre 12.

El total de ambas columnas debería ser el mismo, o muy similar, si no lo es, quiere decir que no sabes a dónde va tu dinero.

Ingresos

ítem	mensual	anual
Sueldo 1	1.000.-	12.000.-
Sueldo2	1.200.-	14.400.-
Dividendos	70.-	840.-
Rentas	300.-	3.600.-
Total	2.570.-	30.840.-

Egresos

ítem	mensual	anual
Préstamo del coche	200.-	2.400.-
Hipoteca	850.-	10.200.-
Aportes a fondos	100.-	1.200.-
Tarjetas de crédito	300.-	3.600.-
Comida	400.-	4.800.-
Gasolina	250.-	3.000.-
Total	2.400.-[h]	28.800.-[i]

Resta el total anual de egresos (i.) al total anual de ingresos (g.) El resultado debería ser 0 y si no lo es, la diferencia es la cantidad de dinero que no sabemos a dónde se ha ido.

| 28.800.-[i] | - | 30.840.-[g] | = | - 2.040.- |

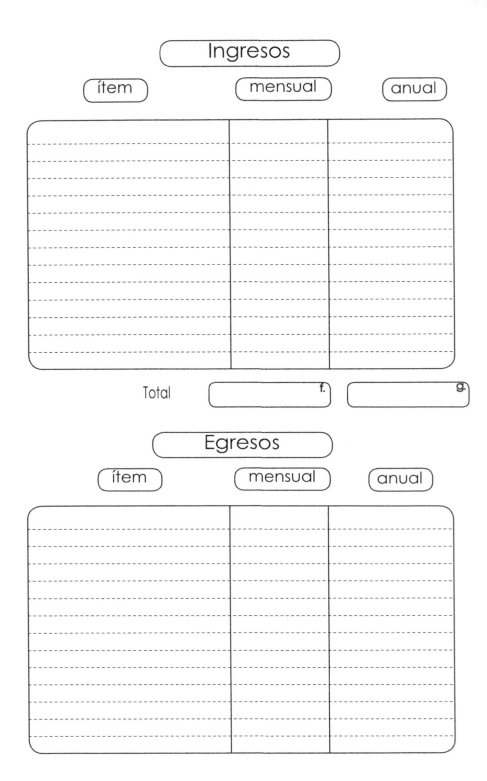

Ingresos

ítem	mensual	anual

Total   f.   g.

Egresos

ítem	mensual	anual

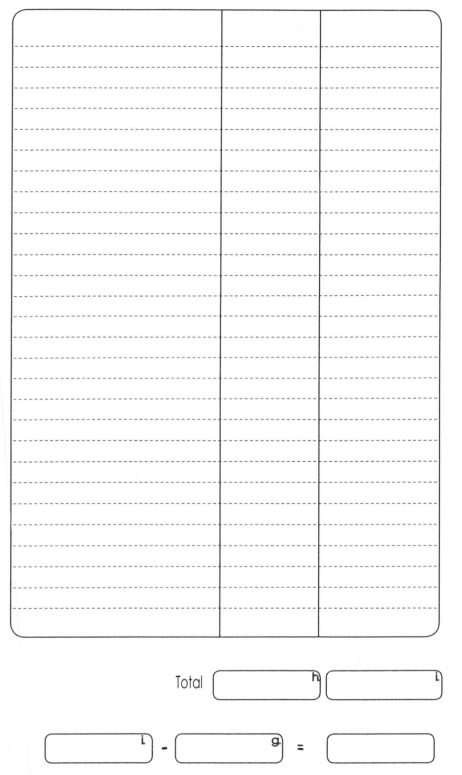

Total

[   ] h [   ] i

[   ] i − [   ] g = [   ]

CALENDARIO de pagos

Haz una lista de todos los gastos periódicos que tengas, ya sean mensuales, bimensuales, trimestrales, semestrales o anuales.

Aquí irán gastos como el alquiler o hipoteca, préstamos, facturas de suministros (agua, electricidad, gas, etc.), así como cualquier factura que se debite de tu cuenta, directamente de tu nómina o que pagues en ventanilla.

Recuerda agregar los gastos anuales como pueden ser el seguro del coche, ITV, la matrícula o inscripción de colegios o universidades, etc.

Marca el o los meses en los que se haga el pago y en la columna de previsión indica el importe estimado. En los casos de facturas de suministros pon la cantidad que has gastado ese mismo mes el año anterior, y si no tienes el dato, haz una estimación, el año siguiente tendrás todos los datos exactos.

Agrega también cualquier gasto previsto que sabes que tendrás, como pueden ser bodas, bautizos, comuniones, cumpleaños, etc.

	Previsión	ene	feb	mar	abr	may	jun	jul	ago	sep	oct	nov	dic
Agua	65,27	X											
	63,22				X								
	71,44							X					
	65,27										X		
Electricidad	115,75	X											
	120,89			X									
	110,63					X							
	90,82							X					
	125,33									X			
	104,53											X	
Alquiler	500.-	X	X	X	X	X	X	X	X	X	X	X	X

Casa

	ene	feb	mar	abr	may	jun	jul	ago	sep	oct	nov	dic

	ene	feb	mar	abr	may	jun	jul	ago	sep	oct	nov	dic

Previsión

ene feb mar abr may jun jul ago sep oct nov dic

27

GASTOS POR CATEGORÍA
año anterior

categoría	ene.	feb.	mar.	abr.	may.	jun.	jul.	ago.	sep.	oct.	nov.	dic.	Total anual	Promedio mensual
Comida	233,91	205,11	344,19	221,44	234,84	332,79	364,99	348,95	318,19	200,95	319,07	334,43	3.458,86	288,32
Comer al paso	12,40	24,10	11,78	37,80	28,40	73,03	16,12	13,33	45,87	-	14,79	62,26	339,88	28,32
Total de Alimentación	246,31	229,21	355,97	259,24	263,24	405,82	381,11	362,28	364,06	200,95	333,86	396,66	3.798,74	316,56
Farmacia	2,57	18,56	48,29	2,57	20,73	5.-	8,74	112,50	89,64	-	50,63	5,85	3.798,74	316,56

| ene. | feb. | mar. | abr. | may. | jun. | jul. | ago. | sep. | oct. | nov. | dic. |

categoría

Total anual

Promedio mensual

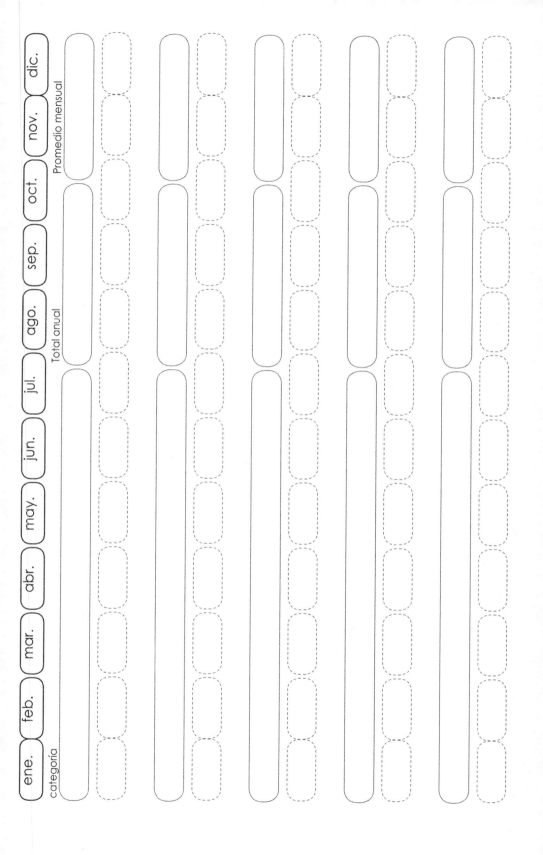

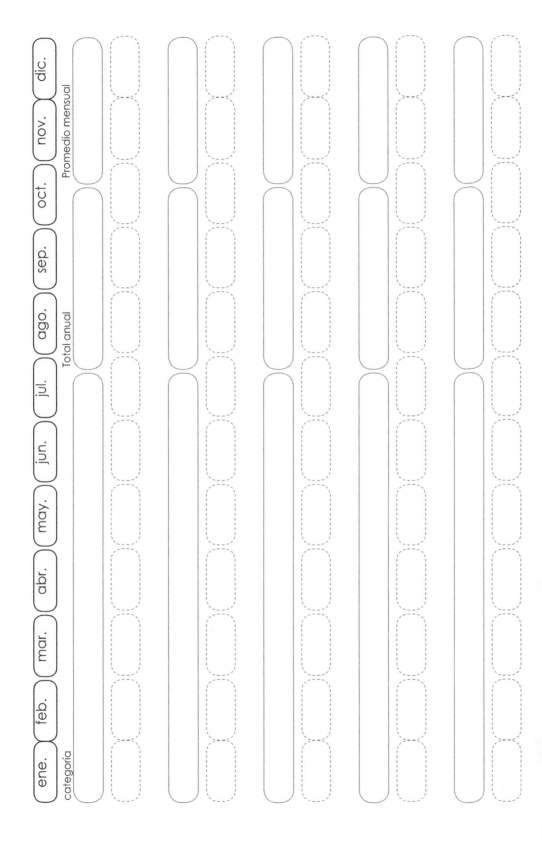

ene. feb. mar. abr. may. jun. jul. ago. sep. oct. nov. dic.

categoría

Total anual

Promedio mensual

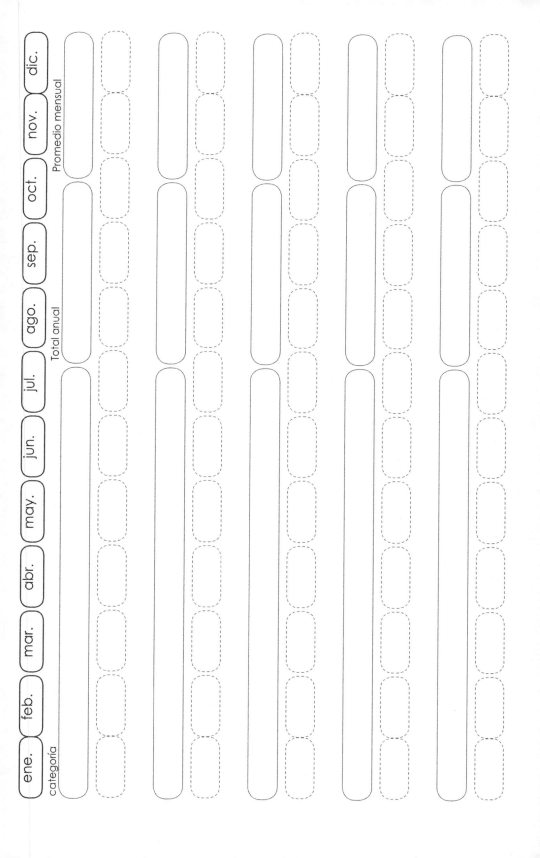

ene. | feb. | mar. | abr. | may. | jun. | jul. | ago. | sep. | oct. | nov. | dic.

categoría

Total anual

Promedio mensual

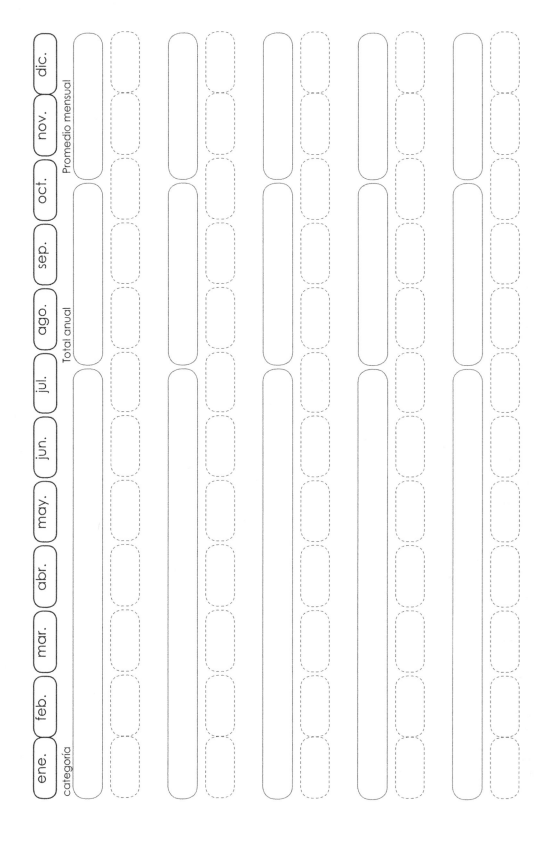

ene. feb. mar. abr. may. jun. jul. ago. sep. oct. nov. dic.

categoría

Total anual

Promedio mensual

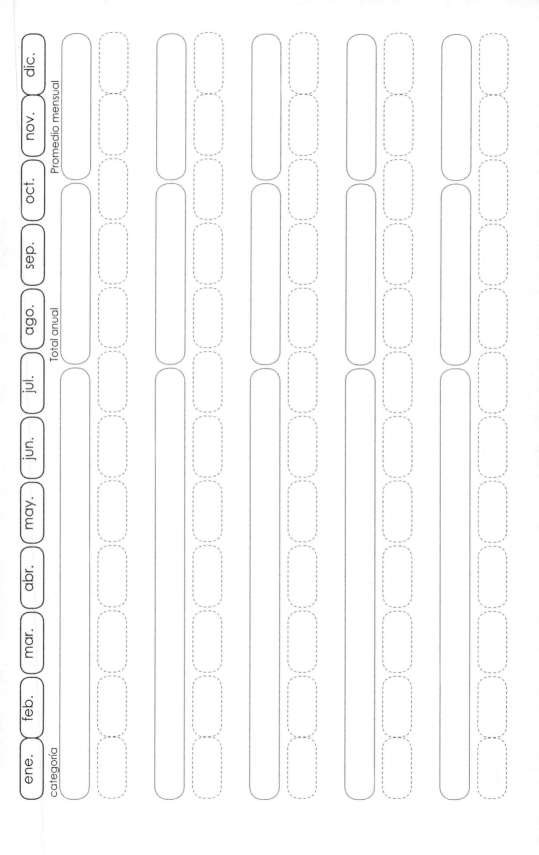

ene. feb. mar. abr. may. jun. jul. ago. sep. oct. nov. dic.

categoría

Total anual

Promedio mensual

ene. feb. mar. abr. may. jun. jul. ago. sep. oct. nov. dic.

categoría

Total anual

Promedio mensual

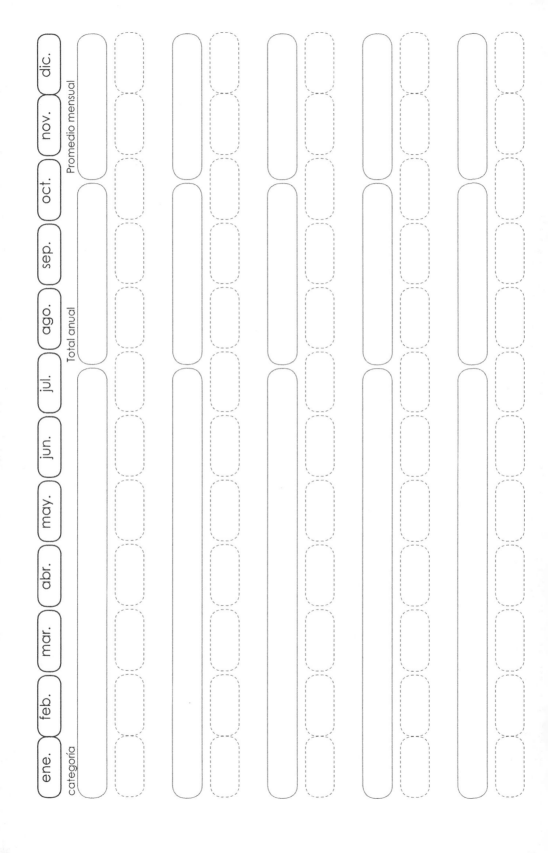

ene. feb. mar. abr. may. jun. jul. ago. sep. oct. nov. dic.

categoría

Total anual

Promedio mensual

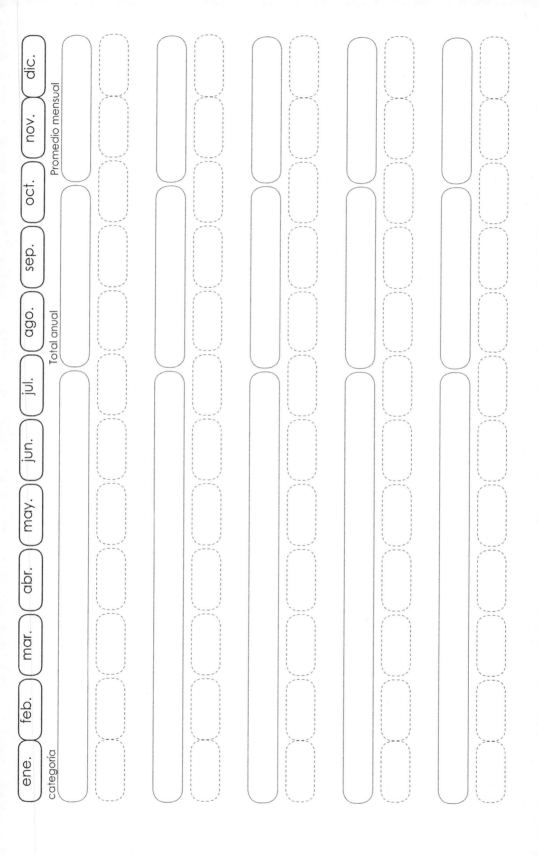

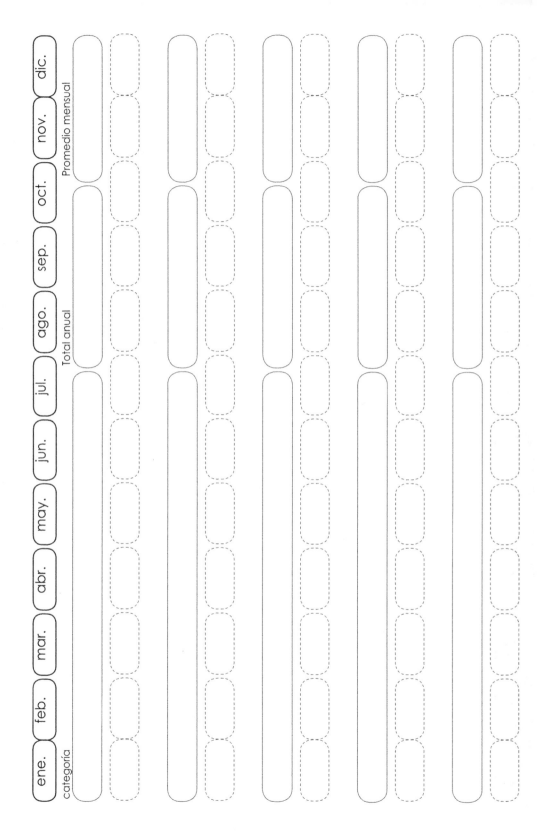

ene. feb. mar. abr. may. jun. jul. ago. sep. oct. nov. dic.

categoría

Total anual

Promedio mensual

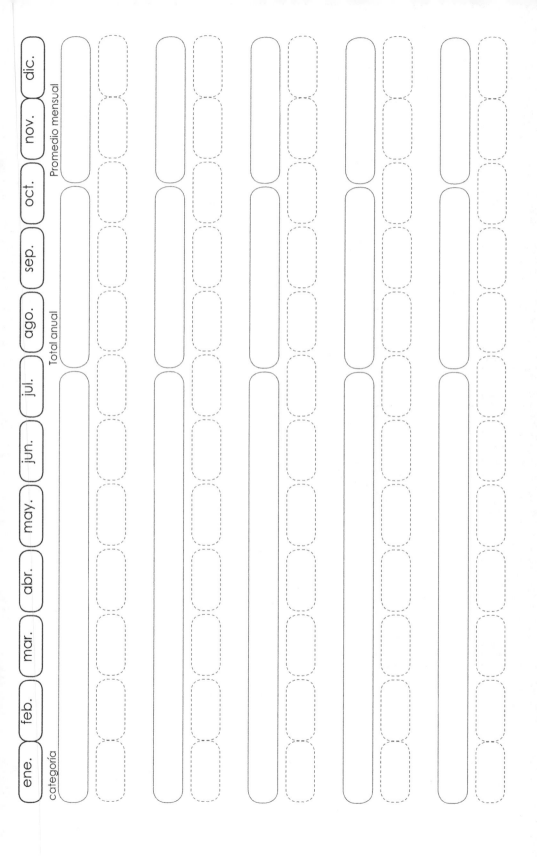

ene. feb. mar. abr. may. jun. jul. ago. sep. oct. nov. dic.

categoría

Total anual

Promedio mensual

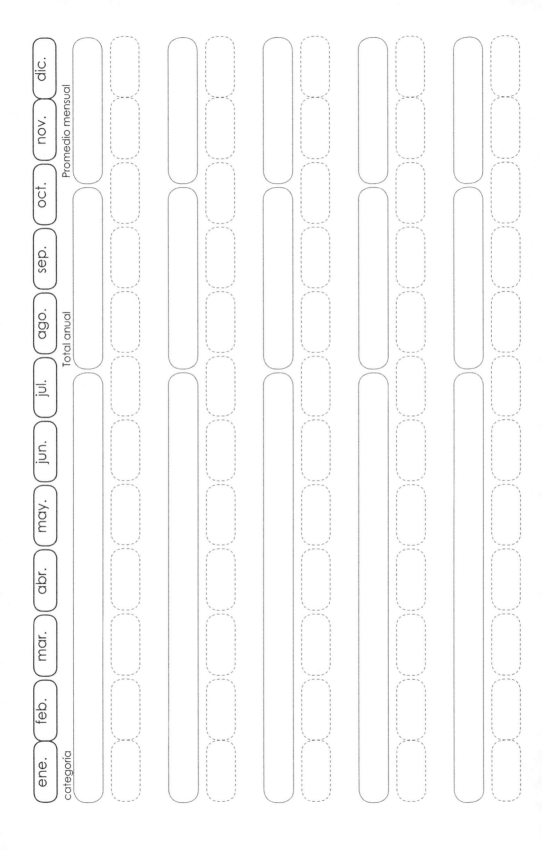

ene. feb. mar. abr. may. jun. jul. ago. sep. oct. nov. dic.

categoría

Total anual

Promedio mensual

CATEGORÍAS
bien definidas

Apunta las categorías que vayas creando, define si serán mensuales o semanales y si tendrán un sobre real (dinero en efectivo) o virtual (cuenta bancaria), si es un sobre virtual determina a qué cuenta estará asociado ese sobre.

Indica qué gastos entrarán en cada categoría y pon ejemplos prácticos. Puede que ahora lo veas muy claro pero tal vez cuando empieces a usar los sobres te surjan dudas y no recuerdes la lógica que aplicaste, por eso es mejor tenerlo apuntado para poder consultarlo tú en el futuro así como también le servirá de referencia a cualquier otro miembro de la familia.

categoría

efect. bco.

Casa

Sábanas - Toallas

Platos - Ollas - Sartenes

Artículos de decoración

Bombillas - Pilas

efect. bco.

categoría

Vacaciones

Pasajes

Hotel

Alquiler de coche

categoría

efect. bco.

---

categoría

efect. bco.

---

categoría

efect. bco.

---

categoría

efect. bco.

categoría

efect. bco.

---

categoría

efect. bco.

---

categoría

efect. bco.

---

categoría

efect. bco.

categoría   efect. bco.

categoría   efect. bco.

categoría   efect. bco.

categoría   efect. bco.

categoría

efect. bco.

categoría

efect. bco.

categoría

efect. bco.

categoría

efect. bco.

categoría

efect. bco.

---

categoría

efect. bco.

---

categoría

efect. bco.

---

categoría

efect. bco.

categoría   efect. bco.

----

categoría   efect. bco.

----

categoría   efect. bco.

----

categoría   efect. bco.

----

categoría   efect. bco.

_____

- -

- -

- -

- -

categoría   efect. bco.

_____

- -

- -

- -

- -

categoría   efect. bco.

_____

- -

- -

- -

- -

categoría   efect. bco.

_____

- -

- -

- -

- -

categoría   efect. bco.

categoría   efect. bco.

categoría   efect. bco.

categoría   efect. bco.

categoría

efect. bco.

categoría

efect. bco.

categoría

efect. bco.

categoría

efect. bco.

categoría   efect. bco.

categoría   efect. bco.

categoría   efect. bco.

categoría   efect. bco.

51

categoría   efect. bco.

categoría   efect. bco.

categoría   efect. bco.

categoría   efect. bco.

INGRESOS
distribución

Una parte de nuestros ingresos la destinaremos a los gastos, otra a los ahorros y otra a la inversión. Esta distribución la haremos por porcentajes, de esta manera, no importa cuánto dinero ingrese, siempre habrá algo de dinero para ahorrar, para invertir y para gastar. Estos porcentajes los tienes que poner tú en base a la reducción de gastos y/o aumento de ingresos que puedas conseguir.

Como objetivo te doy algunos parámetros:

Proponte reducir tus gastos hasta que estos signifiquen un 70% de tus ingresos y el otro 30% repártelo entre ahorro e inversión, puede ser a partes iguales o no. Te recomiendo que al principio destines un porcentaje mayor a los ahorros y uno menor a la inversión, (ej.: 70% para gastar, 5% para invertir y 25% para ahorrar) ya que al principio necesitarás armarte tu pequeño colchón de ahorros para imprevistos.

Una vez que tengas ahorrado el equivalente a 6 sueldos en tu fondo de emergencia, cambia los porcentajes y destina más cantidad a la inversión que al ahorro (ej.: 70% para gastar, 20% para invertir y 10% para ahorrar).

	Porcentaje	Importe
Total de ingresos		
Gastos		
Ahorros		
Inversiones		

INGRESOS
año anterior

Tipo de ingreso

Tipo de ingreso

enero		
febrero		
marzo		
abril		
mayo		
junio		
julio		
agosto		
septiembre		
octubre		
noviembre		
diciembre		

Total anual

Total anual

Promedio mensual

Promedio mensual

Apunta todos los ingresos que hayas tenido el año anterior (sueldos, rentas, dividendos, etc.) para luego poder compararlos con los ingresos del año en curso.

Tipo de ingreso

Tipo de ingreso

Tipo de ingreso

Total anual

Total anual

Total anual

Promedio mensual

Promedio mensual

Promedio mensual

	Tipo de ingreso	Tipo de ingreso
enero		
febrero		
marzo		
abril		
mayo		
junio		
julio		
agosto		
septiembre		
octubre		
noviembre		
diciembre		
	Total anual	**Total anual**
	Promedio mensual	**Promedio mensual**

Tipo de ingreso	Tipo de ingreso	Tipo de ingreso

Total anual	Total anual	Total anual

Promedio mensual	Promedio mensual	Promedio mensual

Plan para eliminar las deudas. Organiza las deudas que tienes y determina en qué orden vas a pagarlas y cuánto dinero aportarás a cada una de ellas.

- Haz un listado de todas tus deudas
- Indica el total que debes, la tasa de interés que pagas y cuál es el pago mínimo mensual
- Decide el criterio por el cuál las ordenarás y ponle el orden de prioridad
- Suma el total de los pagos mínimos mensuales
- Ataca a cada deuda de a una, determina el importe que puedes agregar además de los pagos mínimos y focalízate en una sola deuda
- Paga cada mes el importe mínimo de todas las deudas menos de la que estás atacando, una vez que hayas saldado la primer deuda enfócate en la siguiente aportando también el dinero que usabas para pagar la primera deuda

Deuda	Importe	Interés	Pago min.	Orden
Préstamo del coche	7.000.-	6,50%	70.-	3
Tarjeta de crédito	1.500.-	2,50%	10.-	1
Préstamo personal	5.000.-	7,20%	50.-	2
Total	13.500.-		130.-	

Objetivo a eliminar

Tarjeta de crédito

Plan de pago

Préstamo personal	50.-
Préstamo coche	70.-
Tarjeta de crédito	230.-
Total	350.-

Deuda

Tarjeta de crédito

Importe a pagar

1.500.-

Progreso

0% 10% 20% 30% 40% 50% 60% 70% 80% 90% 100%

Deuda	Importe	Interés	Pago min.	Orden

Objetivo a eliminar

Plan de pago

fecha

Total

fecha fin prevista

Objetivo a eliminar

Plan de pago

fecha

Total

fecha fin prevista

Objetivo a eliminar

Plan de pago

fecha

Total

fecha fin prevista

Objetivo a eliminar

Plan de pago

fecha

Total

fecha fin prevista

61

Objetivo a eliminar

fecha

Plan de pago

Total

fecha fin prevista

Objetivo a eliminar

fecha

Plan de pago

Total

fecha fin prevista

Objetivo a eliminar

fecha

Plan de pago

Total

fecha fin prevista

Objetivo a eliminar

fecha

Plan de pago

Total

fecha fin prevista

Objetivo a eliminar

Plan de pago

fecha

Objetivo a eliminar

Plan de pago

fecha

Total

fecha fin prevista

Total

fecha fin prevista

Deuda

Importe a pagar

Progreso

0%   10%   20%   30%   40%   50%   60%   70%   80%   90%   100%

Deuda

Importe a pagar

Progreso

0%   10%   20%   30%   40%   50%   60%   70%   80%   90%   100%

Deuda

Importe a pagar

Progreso

0%   10%   20%   30%   40%   50%   60%   70%   80%   90%   100%

Deuda

Importe a pagar

Progreso

0%   10%   20%   30%   40%   50%   60%   70%   80%   90%   100%

Deuda

Importe a pagar

Progreso

0%   10%   20%   30%   40%   50%   60%   70%   80%   90%   100%

Deuda

Importe a pagar

Progreso

0%   10%   20%   30%   40%   50%   60%   70%   80%   90%   100%

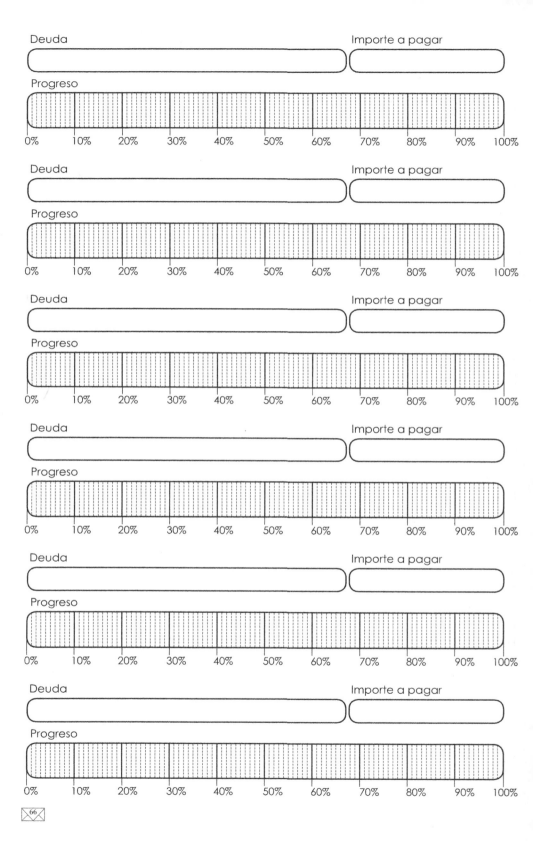

Deuda

Importe a pagar

Progreso

0% 10% 20% 30% 40% 50% 60% 70% 80% 90% 100%

Deuda

Importe a pagar

Progreso

0% 10% 20% 30% 40% 50% 60% 70% 80% 90% 100%

Deuda

Importe a pagar

Progreso

0% 10% 20% 30% 40% 50% 60% 70% 80% 90% 100%

Deuda

Importe a pagar

Progreso

0% 10% 20% 30% 40% 50% 60% 70% 80% 90% 100%

Deuda

Importe a pagar

Progreso

0% 10% 20% 30% 40% 50% 60% 70% 80% 90% 100%

Deuda

Importe a pagar

Progreso

0% 10% 20% 30% 40% 50% 60% 70% 80% 90% 100%

HAZ CAMINO AL ANDAR

"D"
día

Resérvate un día al mes para hacer las cuentas y organizar tus finanzas, este día lo usaremos para hacer una revisión del mes que finaliza y para organizar el mes que comienza, procura que ese día sea lo más cercano posible a la fecha en la que cobras tu sueldo, este será tu "día D" (D de dinero).

En tu "día D", haz las siguientes tareas:

- Apunta los ingresos que hayas percibido el mes anterior.

- Cuenta el dinero que tengas en cada sobre

- Anota los gastos que has tenido en cada categoría (en el mes que finaliza)

- Haz un balance de comienzo de mes

- Calcula los importes para los gastos, ahorros e inversiones del mes siguiente usando los porcentajes que has decidido para la distribución de ingresos

- Revisa el calendario de pagos para ver qué te toca pagar este mes que comienza

- Calcula el presupuesto para el mes entrante y decide qué gastos se pagarán en efectivo

MES 1

ENERO

ESTE MES COMIENZA EL

29 DIC

Y EL DÍA "D" SERÁ EL

30 DIC

ACTIVO		PASIVO	
dinero en efectivo	300.-	tarjeta de crédito 1	800.-
cuenta corriente	2.000.-	tarjeta de crédito 2	350.-
caja de ahorros	5.000.-	tarjeta de crédito 3	1.200.-
fondo de pensiones	15.000.-	tarjetas de tiendas	150.-
inversión en bolsa	10.500.-	préstamo personal	6.000.-
plazos fijos	2.000.-	préstamo familiar	500.-
propiedades	125.000.-	hipoteca	83.000.-
vehículos	20.000.-	préstamo coche	8.500.-

Activo 179.800.- ©

Pasivo 100.500.- d

Activo (c.) - Pasivo (d.) = Patrimonio neto

+79.300.-

Ingresos del mes anterior

Tipo de ingreso
SUELDO 1

Sueldo de Diciembre	1.000.-
Paga extra	850.-

Sub-total 1.850.-

Tipo de ingreso
SUELDO 2

Sueldo de Diciembre	1.200.-
Paga extra	950.-

Sub-total 2.150.-

Tipo de ingreso
DIVIDENDOS

Telefónica	253.-
Mapfre	148.-
Endesa	324.-

Sub-total 725.-

Tipo de ingreso
RENTAS

Alquiler de cochera	60.-

Sub-total 60.-

Tipo de ingreso
REGALÍAS

E-book	140.-

Sub-total 140.-

Total de ingresos 4.925.-

Conteo de dinero en efectivo

Tipo de sobre		Tipo de sobre	
Gastos		**Ahorros para**	
Comida	5,40	Móviles	56.-
Gasolina	-	Lavavajillas	145.-
Diversión	-		
Mascotas	2,20		
Perfumería	3,25		
Limpieza	-		
Comer al paso	-		
Farmacia	6,30		
Sub-total	17,15	Sub-total	201.-
	Total		218,15

Distribución de ingresos

	Porcentaje	Importe
Total de ingresos	100%	4.925.-
● Gastos	70%	3.447,50
● Ahorros	20%	985.-
● Invers.	10%	492,50

Apunta los ahorros y las inversiones a <u>comienzo</u> de mes y los gastos a <u>fin</u> de mes. Codifica con colores diferentes los gastos, los ahorros y las inversiones.

	Categoría	Importe
●	Caja de ahorros (fondo de emergencia)	920.-
●	Sobre Lavavajillas	50.-
●	Sobre Móviles	15.-
●	Broker	492,50
●	Comida	
●	Gasolina	
●	Diversión	
●	Mascotas	

Presupuesto

Cantidad a repartir entre todos los sobres

3.447,50

Categoría	Efectivo	Banco	Total
Alquiler		800.-	800.-
Electricidad		125,27	125,27
Agua		65.-	65.-
Seguro coche 1		324,50	324,50
Seguro coche 2		273.-	273.-
Gasolina	300.-		300.-
Regalos	60.-	40.-	90.-
Comida	450.-		450.-
Diversión	400.-	92,50	492,50
Educación	492,50		492,50

Asignación de dinero en cuentas

Cuenta
Caja de ahorros

Categorías	
Fondo de emergencias	820.-
Vacaciones	290.-
Total	1.110.-

Débitos automáticos

Concepto	Previsión	Real	Diferencia
Alquiler	800.-	800.-	-
Electricidad	125,27	132,40	+7,13
Agua	65.-		
Tarjeta Visa	223,50	223,50	-
Inversión	920.-	920.-	-
Seguro 1	324,50		
Seguro 2	273.-		
Regalos	40.-		

fecha	por pagar	saldo	Diferencia
01-01	3271,27	3533,21	261,94
07-01	827,77	1089,71	261,94
12-01	702,50	957,31	254,81

MES 1

ESTE MES COMIENZA EL

Y EL DÍA "D" SERÁ EL

Balance de comienzo de mes

Fecha

ACTIVO

PASIVO

Activo (c.)   Pasivo (d.)

Activo (c.) - Pasivo (d.) = Patrimonio neto

Ingresos del mes anterior

Tipo de ingreso

Sub-total

Tipo de ingreso

Sub-total

Tipo de ingreso

Sub-total

Tipo de ingreso

Sub-total

Tipo de ingreso

Sub-total

75

Tipo de ingreso

Sub-total

Tipo de ingreso

Sub-total

Tipo de ingreso

Sub-total

Tipo de ingreso

Sub-total

Tipo de ingreso

Sub-total

Total
de ingresos

Conteo de dinero en efectivo

Tipo de sobre

Tipo de sobre

Sub-total

Sub-total

Total

Distribución de ingresos

Total de
ingresos

	Porcentaje	Importe
○ Gastos		
○ Ahorros		
○ Inversiones		

Apunta los ahorros y las inversiones a comienzo de mes y los gastos a fin de mes. Codifica con colores diferentes los gastos, los ahorros y las inversiones.

	Categoría	Importe
○		
○		
○		
○		
○		
○		
○		
○		
○		
○		

Categoría   Importe

80

Categoría   Importe

81

Categoría   Importe

Presupuesto

Cantidad a repartir entre todos los sobres

Dicen que el dinero es un excelente esclavo pero un terrible líder, por lo tanto debes asegurarte de tenerlo bajo control y decirle exactamente a dónde tiene que ir.

Estima cuánto vas a gastar en cada categoría este mes que comienza y si pagarás en efectivo o desde tu cuenta bancaria. Empieza por los gastos fijos que has apuntado en el calendario de pagos y luego ve calculando categoría por categoría (consulta con todos los integrantes de la familia) y cuando hayas finalizado suma el total de la previsión de gastos, este total no debería ser superior al total de ingresos percibidos durante el mes anterior, si lo es, deberás pensar cómo reducir los gastos o de dónde sacarás el dinero para pagar.

Ya sea que tengas que usar una tarjeta de crédito o tirar de tus ahorros, es importante es que esto lo planifiques y lo organices antes de que pase y que no te tome por sorpresa.

"UN PRESUPUESTO ES CUANDO LA GENTE LE DICE A SU DINERO A DÓNDE IR
EN VEZ DE PREGUNTARSE LUEGO A DÓNDE SE HA IDO"
JOHN MAXWELL

Presupuesto

Cantidad a repartir entre todos los sobres

Categoría	Efectivo	Banco	Total

Asignación de dinero en cuentas

Aunque tengas tu dinero en una cuenta bancaria debes tener bien clara cuál es la finalidad de ese dinero y a qué sobre pertenece.

Apunta las diferentes cuentas bancarias, cajas de ahorro, plazos fijos , etc. que tengas y el importe que corresponde a cada categoría.

Cuenta

Categorías

Total

Cuenta

Categorías

Total

Cuenta

Categorías

Total

Cuenta

Categorías

Total

Cuenta

Categorías

Total

Débitos automáticos

Concepto	Previsión	Real	Diferencia

fecha	por pagar	saldo	Diferencia

Débitos automáticos

Concepto	Previsión	Real	Diferencia

fecha	por pagar	saldo	Diferencia

Transacciones y comentarios

MES 2

ESTE MES COMIENZA EL

Y EL DÍA "D" SERÁ EL

Balance de comienzo de mes

Fecha

ACTIVO

PASIVO

Activo ( ) Pasivo ( )

Activo (c.) - Pasivo (d.) = Patrimonio neto

Ingresos del mes anterior

Tipo de ingreso

Sub-total

Tipo de ingreso

Sub-total

Tipo de ingreso

Sub-total

Tipo de ingreso

Sub-total

Tipo de ingreso

Sub-total

Tipo de ingreso

Sub-total

Tipo de ingreso

Sub-total

Tipo de ingreso

Sub-total

Tipo de ingreso

Sub-total

Tipo de ingreso

Sub-total

Total
de ingresos

Conteo de dinero en efectivo

Tipo de sobre

Tipo de sobre

Sub-total

Sub-total

Total

Distribución de ingresos

Total de
ingresos

	Porcentaje	Importe
◯ Gastos		
◯ Ahorros		
◯ Inversiones		

Apunta los ahorros y las inversiones a comienzo de mes y los gastos a fin de
mes. Codifica con colores diferentes los gastos, los ahorros y las inversiones.

	Categoría	Importe
◯		
◯		
◯		
◯		
◯		
◯		
◯		
◯		
◯		

Categoría   Importe

100

Categoría   Importe

Categoría   Importe

102

Presupuesto

Cantidad a repartir entre todos los sobres

Categoría	Efectivo	Banco	Total

Asignación de dinero en cuentas

Aunque tengas tu dinero en una cuenta bancaria debes tener bien clara cuál es la finalidad de ese dinero y a qué sobre pertenece.

Apunta las diferentes cuentas bancarias, cajas de ahorro, plazos fijos , etc. que tengas y el importe que corresponde a cada categoría.

Cuenta

Categorías

Total

Cuenta

Categorías

Total

Cuenta

Categorías

Total

Cuenta

Categorías

Total

Cuenta

Categorías

Total

Débitos automáticos

Concepto	Previsión	Real	Diferencia

fecha	por pagar	saldo	Diferencia

Concepto	Previsión	Real	Diferencia

fecha	por pagar	saldo	Diferencia

Transacciones y comentarios

MES 3

ESTE MES COMIENZA EL

Y EL DÍA "D" SERÁ EL

Balance de comienzo de mes

Fecha ⬭

ACTIVO

PASIVO

Activo ⬭ c.   Pasivo ⬭ d.

Activo (c.) - Pasivo (d.) = Patrimonio neto

Ingresos del mes anterior

Tipo de ingreso

Sub-total

Tipo de ingreso

Sub-total

Tipo de ingreso

Sub-total

Tipo de ingreso

Sub-total

Tipo de ingreso

Sub-total

Tipo de ingreso

Sub-total

Tipo de ingreso

Sub-total

Tipo de ingreso

Sub-total

114

Tipo de ingreso

Sub-total

Tipo de ingreso

Sub-total

Total
de ingresos

Conteo de dinero en efectivo

Tipo de sobre

Tipo de sobre

Sub-total

Sub-total

Total

116

Distribución de ingresos

Total de ingresos

	Porcentaje	Importe
○ Gastos		
○ Ahorros		
○ Inversiones		

Apunta los ahorros y las inversiones a comienzo de mes y los gastos a fin de mes. Codifica con colores diferentes los gastos, los ahorros y las inversiones.

	Categoría	Importe
○		
○		
○		
○		
○		
○		
○		
○		
○		
○		

Categoría	Importe

Categoría   Importe

	Categoría	Importe
○		
○		
○		
○		
○		
○		
○		
○		
○		
○		
○		
○		
○		
○		
○		
○		
○		
○		
○		
○		
○		
○		
○		

Presupuesto

Cantidad a repartir entre todos los sobres

Categoría	Efectivo	Banco	Total

Asignación de dinero en cuentas

Aunque tengas tu dinero en una cuenta bancaria debes tener bien clara cuál es la finalidad de ese dinero y a qué sobre pertenece.

Apunta las diferentes cuentas bancarias, cajas de ahorro, plazos fijos , etc. que tengas y el importe que corresponde a cada categoría.

Cuenta

Categorías

Total

Cuenta

Categorías

Total

Cuenta

Categorías

Total

Cuenta

Categorías

Total

Cuenta

Categorías

Total

123

Débitos automáticos

Concepto	Previsión	Real	Diferencia

fecha	por pagar	saldo	Diferencia

Concepto	Previsión	Real	Diferencia

fecha	por pagar	saldo	Diferencia

Transacciones y comentarios

MES 4

ESTE MES COMIENZA EL

Y EL DÍA "D" SERÁ EL

Balance de comienzo de mes

Fecha

ACTIVO

PASIVO

Activo [ ] c.   Pasivo [ ] d.

Activo (c.) - Pasivo (d.) = Patrimonio neto

Ingresos del mes anterior

Tipo de ingreso

Sub-total

Tipo de ingreso

Sub-total

Tipo de ingreso

Sub-total

Tipo de ingreso

Sub-total

Tipo de ingreso

Sub-total

Tipo de ingreso

Sub-total

Tipo de ingreso

Sub-total

Tipo de ingreso

Sub-total

Tipo de ingreso

Sub-total

Tipo de ingreso

Sub-total

Total
de ingresos

Conteo de dinero en efectivo

Tipo de sobre

Tipo de sobre

Sub-total

Sub-total

Total

Distribución de ingresos

Total de ingresos

	Porcentaje	Importe
◯ Gastos		
◯ Ahorros		
◯ Inversiones		

Apunta los ahorros y las inversiones a comienzo de mes y los gastos a fin de mes. Codifica con colores diferentes los gastos, los ahorros y las inversiones.

	Categoría	Importe
◯		
◯		
◯		
◯		
◯		
◯		
◯		
◯		
◯		
◯		

Categoría   Importe

Categoría   Importe

Categoría   Importe

Presupuesto

Cantidad a repartir entre todos los sobres

Categoría	Efectivo	Banco	Total

Asignación de dinero en cuentas

Aunque tengas tu dinero en una cuenta bancaria debes tener bien clara cuál es la finalidad de ese dinero y a qué sobre pertenece.

Apunta las diferentes cuentas bancarias, cajas de ahorro, plazos fijos , etc. que tengas y el importe que corresponde a cada categoría.

Cuenta

Categorías

Total

Cuenta

Categorías

Total

Cuenta

Categorías

Total

Cuenta

Categorías

Total

Cuenta

Categorías

Total

141

Débitos automáticos

Concepto	Previsión	Real	Diferencia

fecha	por pagar	saldo	Diferencia

Concepto	Previsión	Real	Diferencia

fecha	por pagar	saldo	Diferencia

Transacciones y comentarios

MES 5

ESTE MES COMIENZA EL

Y EL DÍA "D" SERÁ EL

Balance de comienzo de mes

Fecha

ACTIVO

PASIVO

Activo [c.]   Pasivo [d.]

Activo (c.) - Pasivo (d.) = Patrimonio neto

Ingresos del mes anterior

Tipo de ingreso

Sub-total

Tipo de ingreso

Sub-total

Tipo de ingreso

Sub-total

Tipo de ingreso

Sub-total

Tipo de ingreso

Sub-total

Tipo de ingreso

Sub-total

Tipo de ingreso

Sub-total

Tipo de ingreso

Sub-total

Tipo de ingreso

Sub-total

Tipo de ingreso

Sub-total

Total
de ingresos

Conteo de dinero en efectivo

Tipo de sobre

Tipo de sobre

Sub-total

Sub-total

Total

Distribución de ingresos

Total de ingresos

	Porcentaje	Importe
○ Gastos		
○ Ahorros		
○ Inversiones		

Apunta los ahorros y las inversiones a comienzo de mes y los gastos a fin de mes. Codifica con colores diferentes los gastos, los ahorros y las inversiones.

	Categoría	Importe
○		
○		
○		
○		
○		
○		
○		
○		
○		
○		

Categoría   Importe

Categoría	Importe

Categoría	Importe

Presupuesto

Categoría	Efectivo	Banco	Total

Asignación de dinero en cuentas

Aunque tengas tu dinero en una cuenta bancaria debes tener bien clara cuál es la finalidad de ese dinero y a qué sobre pertenece.

Apunta las diferentes cuentas bancarias, cajas de ahorro, plazos fijos , etc. que tengas y el importe que corresponde a cada categoría.

Cuenta

Categorías

Total

Cuenta

Categorías

Total

Cuenta

Categorías

Total

Cuenta

Categorías

Total

Cuenta

Categorías

Total

Débitos automáticos

Concepto	Previsión	Real	Diferencia

fecha	por pagar	saldo	Diferencia

Concepto	Previsión	Real	Diferencia

fecha	por pagar	saldo	Diferencia

Transacciones y comentarios

MES 6

ESTE MES COMIENZA EL

Y EL DÍA "D" SERÁ EL

Balance de comienzo de mes

Fecha

ACTIVO

PASIVO

Activo c.

Pasivo d.

Activo (c.) - Pasivo (d.) = Patrimonio neto

Ingresos del mes anterior

Tipo de ingreso

Sub-total

Tipo de ingreso

Sub-total

Tipo de ingreso

Sub-total

Tipo de ingreso

Sub-total

Tipo de ingreso

Sub-total

Tipo de ingreso

Sub-total

Tipo de ingreso

Sub-total

Tipo de ingreso

Sub-total

Tipo de ingreso

Sub-total

Tipo de ingreso

Sub-total

Total
de ingresos

Conteo de dinero en efectivo

Tipo de sobre

Tipo de sobre

Sub-total

Sub-total

Total

Distribución de ingresos

Total de
ingresos

	Porcentaje	Importe
○ Gastos		
○ Ahorros		
○ Inversiones		

Apunta los ahorros y las inversiones a comienzo de mes y los gastos a fin de mes. Codifica con colores diferentes los gastos, los ahorros y las inversiones.

	Categoría	Importe
○		
○		
○		
○		
○		
○		
○		
○		
○		
○		

	Categoría	Importe
○		
○		
○		
○		
○		
○		
○		
○		
○		
○		
○		
○		
○		
○		
○		
○		
○		
○		
○		
○		
○		
○		
○		
○		

Categoría	Importe

Categoría	Importe

Presupuesto

Cantidad a repartir entre todos los sobres

Categoría	Efectivo	Banco	Total

Asignación de dinero en cuentas

Aunque tengas tu dinero en una cuenta bancaria debes tener bien clara cuál es la finalidad de ese dinero y a qué sobre pertenece.

Apunta las diferentes cuentas bancarias, cajas de ahorro, plazos fijos , etc. que tengas y el importe que corresponde a cada categoría.

Cuenta

Categorías

Total

Cuenta

Categorías

Total

Cuenta

Categorías

Total

Cuenta

Categorías

Total

Cuenta

Categorías

Total

177

Débitos automáticos

Concepto	Previsión	Real	Diferencia

fecha	por pagar	saldo	Diferencia

Concepto	Previsión	Real	Diferencia

fecha	por pagar	saldo	Diferencia

Transacciones y comentarios

MES 7

ESTE MES COMIENZA EL

Y EL DÍA "D" SERÁ EL

Balance de comienzo de mes

Fecha

ACTIVO

PASIVO

Activo [c.]   Pasivo [d.]

Activo (c.) - Pasivo (d.) = Patrimonio neto

Ingresos del mes anterior

Tipo de ingreso

Sub-total

Tipo de ingreso

Sub-total

Tipo de ingreso

Sub-total

Tipo de ingreso

Sub-total

Tipo de ingreso

Sub-total

Tipo de ingreso

Sub-total

Tipo de ingreso

Sub-total

Tipo de ingreso

Sub-total

Tipo de ingreso

Sub-total

Tipo de ingreso

Sub-total

Total
de ingresos

Conteo de dinero en efectivo

Tipo de sobre

Tipo de sobre

Sub-total

Sub-total

Total

Distribución de ingresos

Total de ingresos

	Porcentaje	Importe
⬭ Gastos		
⬭ Ahorros		
⬭ Inversiones		

Apunta los ahorros y las inversiones a comienzo de mes y los gastos a fin de mes. Codifica con colores diferentes los gastos, los ahorros y las inversiones.

	Categoría	Importe
⭕		
⭕		
⭕		
⭕		
⭕		
⭕		
⭕		
⭕		
⭕		
⭕		

Categoría | Importe

Categoría	Importe

Categoría   Importe

Presupuesto

Cantidad a repartir entre todos los sobres

Categoría	Efectivo	Banco	Total

Asignación de dinero en cuentas

Aunque tengas tu dinero en una cuenta bancaria debes tener bien clara cuál es la finalidad de ese dinero y a qué sobre pertenece.

Apunta las diferentes cuentas bancarias, cajas de ahorro, plazos fijos , etc. que tengas y el importe que corresponde a cada categoría.

Cuenta

Categorías

Total

Cuenta

Categorías

Total

Cuenta

Categorías

Total

Cuenta

Categorías

Total

Cuenta

Categorías

Total

Débitos automáticos

Concepto	Previsión	Real	Diferencia

fecha	por pagar	saldo	Diferencia

Concepto	Previsión	Real	Diferencia

fecha	por pagar	saldo	Diferencia

Transacciones y comentarios

MES 8

ESTE MES COMIENZA EL

Y EL DÍA "D" SERÁ EL

Balance de comienzo de mes

Fecha

ACTIVO

PASIVO

Activo _____ c.   Pasivo _____ d.

Activo (c.) - Pasivo (d.) = Patrimonio neto

Ingresos del mes anterior

Tipo de ingreso

Sub-total

Tipo de ingreso

Sub-total

Tipo de ingreso

Sub-total

Tipo de ingreso

Sub-total

Tipo de ingreso

Sub-total

Tipo de ingreso

Sub-total

Tipo de ingreso

Sub-total

Tipo de ingreso

Sub-total

Tipo de ingreso

Sub-total

Tipo de ingreso

Sub-total

Total
de ingresos

Conteo de dinero en efectivo

Tipo de sobre

Tipo de sobre

Sub-total

Sub-total

Total

Distribución de ingresos

Total de
ingresos

	Porcentaje	Importe
⭕ Gastos		
⭕ Ahorros		
⭕ Inversiones		

Apunta los ahorros y las inversiones a comienzo de mes y los gastos a fin de mes. Codifica con colores diferentes los gastos, los ahorros y las inversiones.

	Categoría	Importe
⭕		
⭕		
⭕		
⭕		
⭕		
⭕		
⭕		
⭕		
⭕		
⭕		

Categoría	Importe

	Categoría	Importe

Categoría	Importe

Presupuesto

Cantidad a repartir entre todos los sobres

Categoría	Efectivo	Banco	Total

Asignación de dinero en cuentas

Aunque tengas tu dinero en una cuenta bancaria debes tener bien clara cuál es la finalidad de ese dinero y a qué sobre pertenece.

Apunta las diferentes cuentas bancarias, cajas de ahorro, plazos fijos , etc. que tengas y el importe que corresponde a cada categoría.

Cuenta

Categorías

Total

Cuenta

Categorías

Total

Cuenta

Categorías

Total

Cuenta

Categorías

Total

Cuenta

Categorías

Total

213

Débitos automáticos

Concepto	Previsión	Real	Diferencia

fecha	por pagar	saldo	Diferencia

Concepto	Previsión	Real	Diferencia

fecha	por pagar	saldo	Diferencia

Transacciones y comentarios

MES 9

ESTE MES COMIENZA EL

Y EL DÍA "D" SERÁ EL

Balance de comienzo de mes

Fecha

ACTIVO

PASIVO

Activo
c.

Pasivo
d.

Activo (c.) - Pasivo (d.) = Patrimonio neto

Ingresos del mes anterior

Tipo de ingreso

Sub-total

Tipo de ingreso

Sub-total

Tipo de ingreso

Sub-total

Tipo de ingreso

Sub-total

Tipo de ingreso

Sub-total

Tipo de ingreso

Sub-total

Tipo de ingreso

Sub-total

Tipo de ingreso

Sub-total

Tipo de ingreso

Sub-total

Tipo de ingreso

Sub-total

Total
de ingresos

Conteo de dinero en efectivo

Tipo de sobre

Tipo de sobre

Sub-total

Sub-total

Total

Distribución de ingresos

Total de
ingresos

	Porcentaje	Importe
◯ Gastos		
◯ Ahorros		
◯ Inversiones		

Apunta los ahorros y las inversiones a comienzo de mes y los gastos a fin de mes. Codifica con colores diferentes los gastos, los ahorros y las inversiones.

	Categoría	Importe
◯		
◯		
◯		
◯		
◯		
◯		
◯		
◯		
◯		
◯		

Categoría	Importe

Categoría   Importe

Categoría	Importe

Presupuesto

Cantidad a repartir entre todos los sobres

Categoría	Efectivo	Banco	Total

Asignación de dinero en cuentas

Aunque tengas tu dinero en una cuenta bancaria debes tener bien clara cuál es la finalidad de ese dinero y a qué sobre pertenece.

Apunta las diferentes cuentas bancarias, cajas de ahorro, plazos fijos , etc. que tengas y el importe que corresponde a cada categoría.

Cuenta

Categorías

Total

Cuenta

Categorías

Total

Cuenta

Categorías

Total

Cuenta

Categorías

Total

Cuenta

Categorías

Total

231

Débitos automáticos

Concepto	Previsión	Real	Diferencia

fecha	por pagar	saldo	Diferencia

Concepto	Previsión	Real	Diferencia

fecha	por pagar	saldo	Diferencia

Transacciones y comentarios

MES 10

ESTE MES COMIENZA EL

Y EL DÍA "D" SERÁ EL

Balance de comienzo de mes

Fecha

ACTIVO

PASIVO

Activo [c.]   Pasivo [d.]

Activo (c.) - Pasivo (d.) = Patrimonio neto

Ingresos del mes anterior

Tipo de ingreso

Sub-total

Tipo de ingreso

Sub-total

Tipo de ingreso

Sub-total

Tipo de ingreso

Sub-total

Tipo de ingreso

Sub-total

Tipo de ingreso

Sub-total

Tipo de ingreso

Sub-total

Tipo de ingreso

Sub-total

Tipo de ingreso

Sub-total

Tipo de ingreso

Sub-total

Total
de ingresos

Conteo de dinero en efectivo

Tipo de sobre

Tipo de sobre

Sub-total

Sub-total

Total

Distribución de ingresos

Total de ingresos

	Porcentaje	Importe
◯ Gastos		
◯ Ahorros		
◯ Inversiones		

Apunta los ahorros y las inversiones a comienzo de mes y los gastos a fin de mes. Codifica con colores diferentes los gastos, los ahorros y las inversiones.

	Categoría	Importe
◯		
◯		
◯		
◯		
◯		
◯		
◯		
◯		
◯		
◯		

Categoría   Importe

Categoría   Importe

Categoría	Importe

Presupuesto

Cantidad a repartir entre todos los sobres

Categoría	Efectivo	Banco	Total

Asignación de dinero en cuentas

Aunque tengas tu dinero en una cuenta bancaria debes tener bien clara cuál es la finalidad de ese dinero y a qué sobre pertenece.

Apunta las diferentes cuentas bancarias, cajas de ahorro, plazos fijos , etc. que tengas y el importe que corresponde a cada categoría.

Cuenta

Categorías

Total

Cuenta

Categorías

Total

Cuenta

Categorías

Total

Cuenta

Categorías

Total

Cuenta

Categorías

Total

249

Débitos automáticos

Concepto	Previsión	Real	Diferencia

fecha	por pagar	saldo	Diferencia

Concepto	Previsión	Real	Diferencia

fecha	por pagar	saldo	Diferencia

Transacciones y comentarios

MES 11

ESTE MES COMIENZA EL

Y EL DÍA "D" SERÁ EL

Balance de comienzo de mes

Fecha

ACTIVO

PASIVO

Activo

Pasivo

Activo (c.) - Pasivo (d.) = Patrimonio neto

Ingresos del mes anterior

Tipo de ingreso

Sub-total

Tipo de ingreso

Sub-total

Tipo de ingreso

Sub-total

Tipo de ingreso

Sub-total

Tipo de ingreso

Sub-total

Tipo de ingreso

Sub-total

Tipo de ingreso

Sub-total

Tipo de ingreso

Sub-total

Tipo de ingreso

Sub-total

Tipo de ingreso

Sub-total

Total
de ingresos

Conteo de dinero en efectivo

Tipo de sobre

Tipo de sobre

Sub-total

Sub-total

Total

Distribución de ingresos

Total de ingresos

	Porcentaje	Importe
○ Gastos		
○ Ahorros		
○ Inversiones		

Apunta los ahorros y las inversiones a comienzo de mes y los gastos a fin de mes. Codifica con colores diferentes los gastos, los ahorros y las inversiones.

	Categoría	Importe
○		
○		
○		
○		
○		
○		
○		
○		
○		
○		

Categoría	Importe

Categoría	Importe

Categoría   Importe

264

Presupuesto

Cantidad a repartir entre todos los sobres

Categoría	Efectivo	Banco	Total

Asignación de dinero en cuentas

Aunque tengas tu dinero en una cuenta bancaria debes tener bien clara cuál es la finalidad de ese dinero y a qué sobre pertenece.

Apunta las diferentes cuentas bancarias, cajas de ahorro, plazos fijos , etc. que tengas y el importe que corresponde a cada categoría.

Cuenta

Categorías

Total

Cuenta

Categorías

Total

Cuenta

Categorías

Total

Cuenta

Categorías

Total

Cuenta

Categorías

Total

Débitos automáticos

Concepto	Previsión	Real	Diferencia

fecha	por pagar	saldo	Diferencia

Concepto	Previsión	Real	Diferencia

fecha	por pagar	saldo	Diferencia

Transacciones y comentarios

MES 12

ESTE MES COMIENZA EL

Y EL DÍA "D" SERÁ EL

Balance de comienzo de mes

Fecha

ACTIVO

PASIVO

Activo (c.)   Pasivo (d.)

Activo (c.) - Pasivo (d.) = Patrimonio neto

273

Ingresos del mes anterior

Tipo de ingreso

Sub-total

Tipo de ingreso

Sub-total

Tipo de ingreso

Sub-total

Tipo de ingreso

Sub-total

Tipo de ingreso

Sub-total

Tipo de ingreso

Sub-total

Tipo de ingreso

Sub-total

Tipo de ingreso

Sub-total

Tipo de ingreso

Sub-total

Tipo de ingreso

Sub-total

Total
de ingresos

Conteo de dinero en efectivo

Tipo de sobre

Tipo de sobre

Sub-total

Sub-total

Total

Distribución de ingresos

Total de
ingresos

	Porcentaje	Importe
○ Gastos		
○ Ahorros		
○ Inversiones		

Apunta los ahorros y las inversiones a comienzo de mes y los gastos a fin de mes. Codifica con colores diferentes los gastos, los ahorros y las inversiones.

	Categoría	Importe
○		
○		
○		
○		
○		
○		
○		
○		
○		
○		

Categoría   Importe

Categoría   Importe

Categoría   Importe

Presupuesto

Categoría	Efectivo	Banco	Total

Asignación de dinero en cuentas

Aunque tengas tu dinero en una cuenta bancaria debes tener bien clara cuál es la finalidad de ese dinero y a qué sobre pertenece.

Apunta las diferentes cuentas bancarias, cajas de ahorro, plazos fijos , etc. que tengas y el importe que corresponde a cada categoría.

Cuenta

Categorías

Total

Cuenta

Categorías

Total

Cuenta

Categorías

Total

Cuenta

Categorías

Total

Cuenta

Categorías

Total

Débitos automáticos

Concepto	Previsión	Real	Diferencia

fecha	por pagar	saldo	Diferencia

Concepto	Previsión	Real	Diferencia

fecha	por pagar	saldo	Diferencia

Transacciones y comentarios

RESUMEN DEL AÑO

Balance de fin de año

Fecha

ACTIVO

PASIVO

Activo c.

Pasivo d.

Activo (c.) - Pasivo (d.) = Patrimonio neto

Evolución del patrimonio neto

Patrimonio neto del año anterior

Patrimonio neto de este año

Diferencia

mes	patrimonio neto	diferencia

INGRESOS
de este año

	Tipo de ingreso	Tipo de ingreso
enero		
febrero		
marzo		
abril		
mayo		
junio		
julio		
agosto		
septiembre		
octubre		
noviembre		
diciembre		
Total anual		
Promedio mensual		

Tipo de ingreso	Tipo de ingreso	Tipo de ingreso

Total anual	Total anual	Total anual

Promedio mensual	Promedio mensual	Promedio mensual

295

	Tipo de ingreso	Tipo de ingreso
enero		
febrero		
marzo		
abril		
mayo		
junio		
julio		
agosto		
septiembre		
octubre		
noviembre		
diciembre		

Total anual

Total anual

Promedio mensual

Promedio mensual

Tipo de ingreso	Tipo de ingreso	Tipo de ingreso

Total anual	Total anual	Total anual

Promedio mensual	Promedio mensual	Promedio mensual

GASTOS POR CATEGORÍA
año en curso

ene.	feb.	mar.	abr.	may.	jun.	jul.	ago.	sep.	oct.	nov.	dic.

categoría

Total anual

Promedio mensual

ene. feb. mar. abr. may. jun. jul. ago. sep. oct. nov. dic.

categoría

Total anual

Promedio mensual

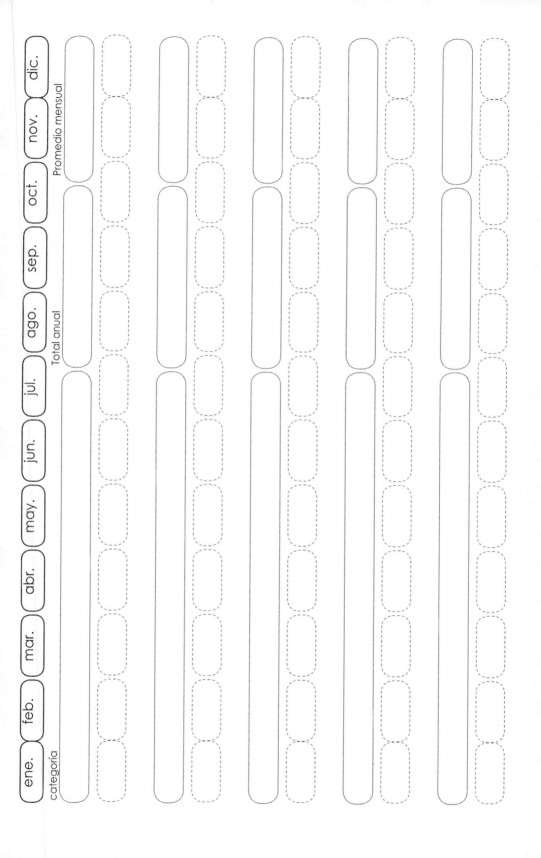

ene. feb. mar. abr. may. jun. jul. ago. sep. oct. nov. dic.

categoría

Total anual

Promedio mensual

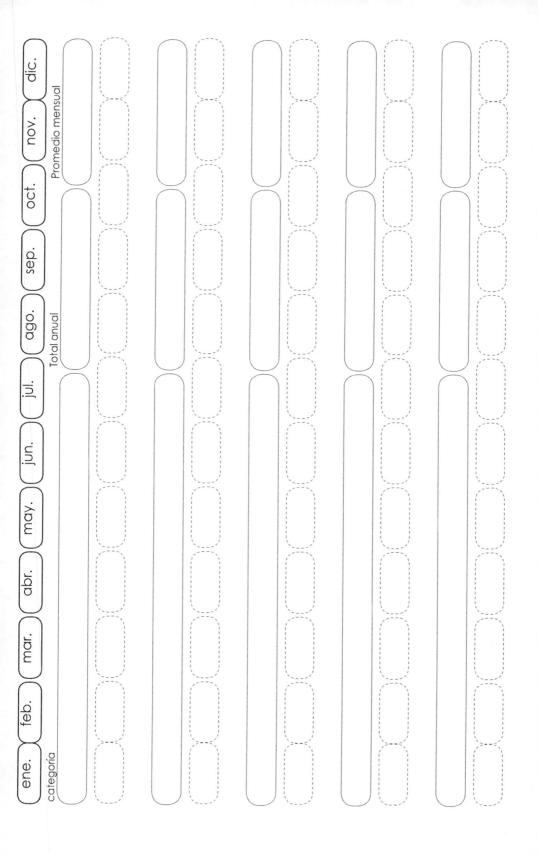

ene. | feb. | mar. | abr. | may. | jun. | jul. | ago. | sep. | oct. | nov. | dic.

categoría

Total anual

Promedio mensual

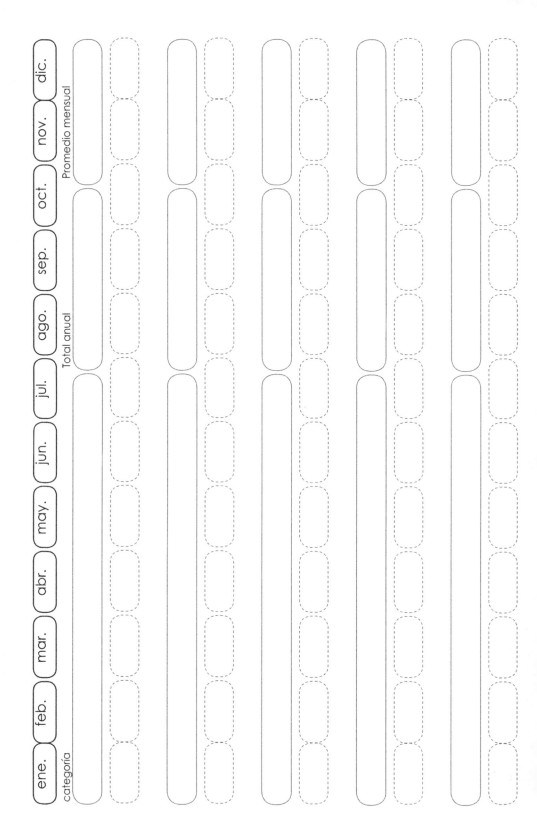

ene. feb. mar. abr. may. jun. jul. ago. sep. oct. nov. dic.

categoría

Total anual

Promedio mensual

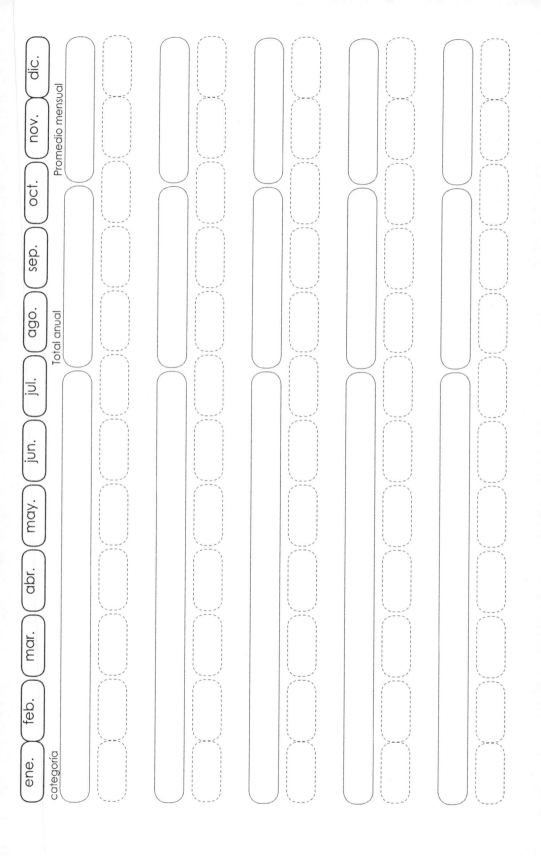

ene. feb. mar. abr. may. jun. jul. ago. sep. oct. nov. dic.

categoría

Total anual

Promedio mensual

ene. feb. mar. abr. may. jun. jul. ago. sep. oct. nov. dic.

categoría

Total anual

Promedio mensual

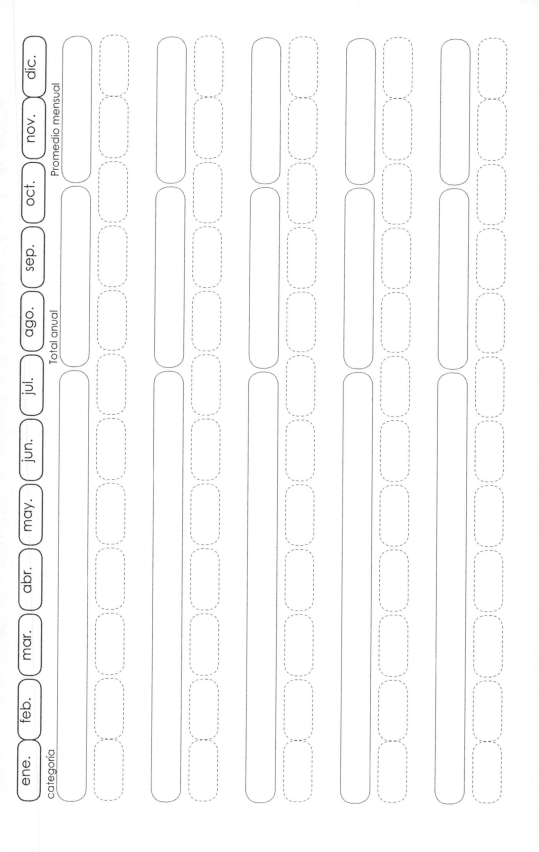

ene. feb. mar. abr. may. jun. jul. ago. sep. oct. nov. dic.

categoría

Total anual

Promedio mensual

ene. feb. mar. abr. may. jun. jul. ago. sep. oct. nov. dic.

categoría

Total anual

Promedio mensual

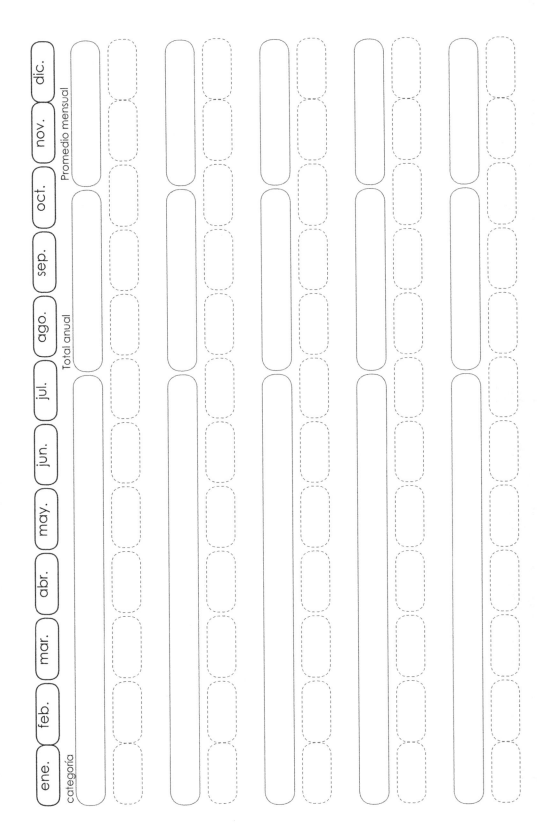

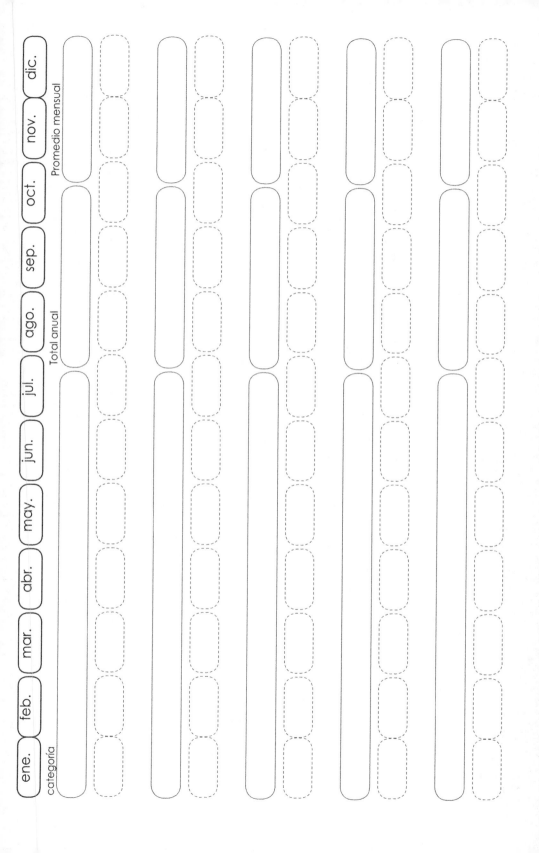

ene. feb. mar. abr. may. jun. jul. ago. sep. oct. nov. dic.

categoría

Total anual

Promedio mensual

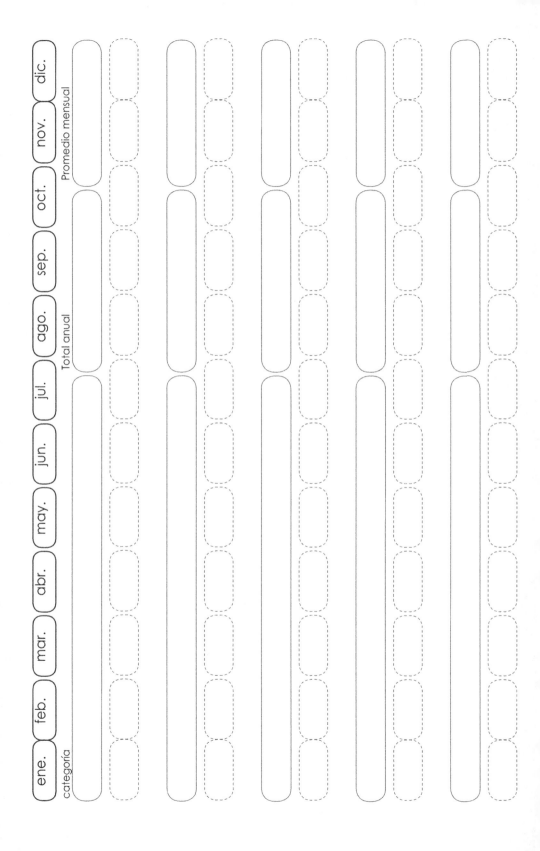

ene. feb. mar. abr. may. jun. jul. ago. sep. oct. nov. dic.

categoría

Total anual

Promedio mensual

Transacciones y comentarios

Ya ha pasado un año desde que comenzaste este viaje, aún queda mucho por recorrer, pero tómate tu tiempo para pensar y para reflexionar en todos los cambios financieros que has tenido este año.

¿Qué cosas te han funcionado? ¿qué cosas requieren algunos ajustes todavía?

Celebra el progreso que has logrado hasta ahora, te lo mereces.

Un nuevo año comienza y tú estás un año más cerca de tus objetivos.

¡Buen trabajo!

¡Éxitos!

Alita

Made in United States
North Haven, CT
30 December 2023

46784129R00180